سکول - shule   2

سفر - usafiri   5

ٹرانسپورٹ - usafiri   8

شہر - jiji   10

منظر - mazingira   14

ریسٹورنٹ - mgahawa   17

سپر مارکیٹ - dukakuu   20

مشروب - vinywaji   22

کھانا - chakula   23

فارم - shamba   27

گھار - nyumba   31

لونگ روم - sebuleni   33

باورچہ خانہ - jikoni   35

باتھ روم - bafu   38

بچیاں نا کمرہ - chumba ya mtoto   42

کپڑے - nguo   44

دفتر - ofisi   49

معیشت - uchumi   51

پیشہ - kazi   53

ٹولز - zana   56

موسیقی نے آلات - ala za muziki   57

چڑیا گھار - bustani ya wanyama   59

کھیڈنا - michezo   62

کم - shughuli   63

کنبہ - familia   67

جسم - mwili   68

ہسپتال - hospitali   72

ایمرجنسی - dharura   76

زمین - dunia   77

گھڑی - saa   79

ہفتہ - wiki   80

سال - mwaka   81

شکلاں - maumbo   83

رنگ - rangi   84

مخالف - kinyume   85

اعداد - nambari   88

بولی - lugha   90

کون/ کی / کیوں - ambao / nini / jinsi   91

کتھے - wapi   92

Impressum

Verlag: BABADADA GmbH, Nedderfeld 112 , 22529 Hamburg

Geschäftsführer / Verlagsleitung: Harald Hof

Druck: Books on Demand GmbH, In de Tarpen 42, 22848 Norderstedt

Imprint

Publisher: BABADADA GmbH, Nedderfeld 112 , 22529 Hamburg, Germany

Managing Director / Publishing direction: Harald Hof

Print: Books on Demand GmbH, In de Tarpen 42, 22848 Norderstedt

کلاس روم
sajili

تقسیم
kugawanya

186/2

سکول نا میدان
eneo la shule

بورڈ
ubao

استاد
mwalimu

کاغذ
karatasi

لکھنا
kuandika

قلم
kalamu

میز
dawati

سکیل
rula

کتاب
kitabu

شاگرد
mwanafunzi

جزدان
mkoba

پینسل دا ڈبہ
kikasha cha penseli

پینسل
penseli

پینسل شارپنر
kichonga penseli

ربر
mpira

ڈراینگ پیڈ
pedi ya kuchora

ڈراننگ

uchoraji

پینٹ برش

brashi ya rangi

پینٹ باکس

sanduku la rangi

قینچی

mkasi

گلو

gundi

مشقی کتاب

daftari

گھر دا کم

kazi ya nyumbani

12

عدد

nambari

2+2

جمع

jumlisha

5-2

تفریق

ondoa

2×2

ضرب

zidisha

کیلکولیٹ

kokotoa

A

خطره

barua

ABCDEFG HIJKLMN OPQRSTU VWXYZ

حروف تہجی

alfabeti

hello

لفظ

neno

متن

maandishi

پڑھنا

kusoma

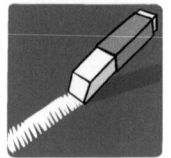

چاک

chaki

سبق

somo

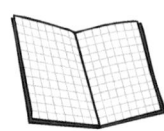

رجسٹر

sajili

امتحان

uchunguzi

سند

cheti

سکول نی وردی

sare za shule

تعلیم

elimu

انسائیکلوپیڈیا

elezo

یونیورسٹی

chuo kikuu

مائیکرو سکوپ

darubini

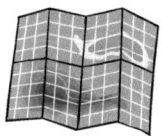

نقشہ

ramani

کچرے نا ڈبہ

kikapu cha kuweka karatasi chafu

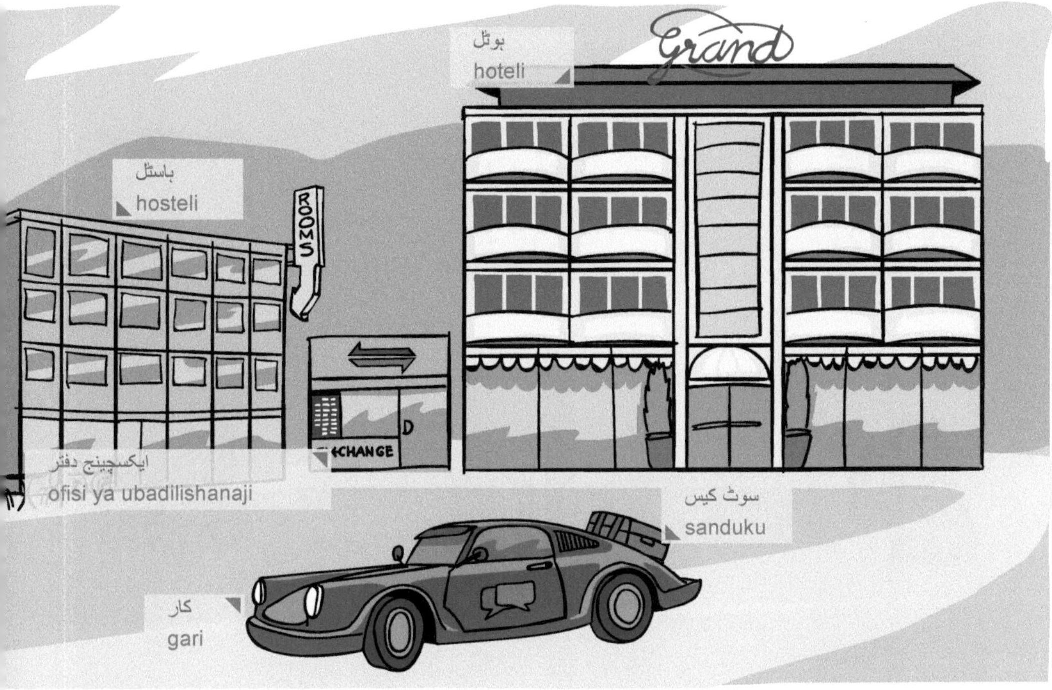

ہوٹل
hoteli
Grand
باسٹل
hosteli
ROOMS
CHANGE
ایکسچینج دفتر
ofisi ya ubadilishanaji
سوٹ کیس
sanduku
کار
gari

بولی

lugha

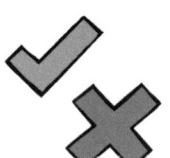

ہاں /نئیں

ndiyo / la

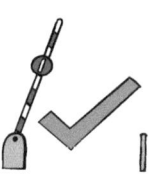

ٹھیک ہے

sawa

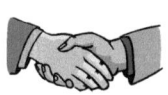

اسلام و علیکم

hujambo

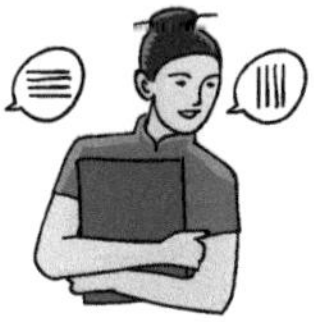

ترجمان

mtafsiri

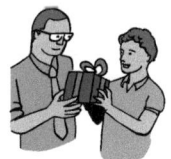

شکریہ

Asante

ایہ کنے نے ؟

kiasi gani ni ...?

می سمجھ نئیں رلی

Sielewi

مسئلہ

tatizo

اسلام و علیکم

Jioni njema!

اسلام و علیکم

Habari za asubuhi!

اللہ حافظ

Usiku mwema!

اللہ نے حوالے

kwa heri

سمت

mwelekeo

سامان

mizigo

بیگ

mfuko

بیک پیک

shanta

مہمان

mgeni

کمرہ

chumba

سلیپنگ بیگ

begi la kulalia

خیمہ

hema

سياح لئی معلومات

taarifa ya utalii

ساحل سمندر

ufuo

کریڈٹ کارڈ

kadi

ناشتہ

kifunguakinywa

دوپہر نا کھانا

chakula cha mchana

رات نا کھانا

chakula cha jioni

ٹکٹ

tiketi

لفٹ

kuinua

مہر

muhuri

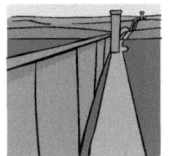

بارڈر

mpaka

کسٹمز

mila

ایمبیسی

ubalozi

ویزا

visa

پاسپورٹ

pasipoti

ٹرانسپورٹ

usafiri

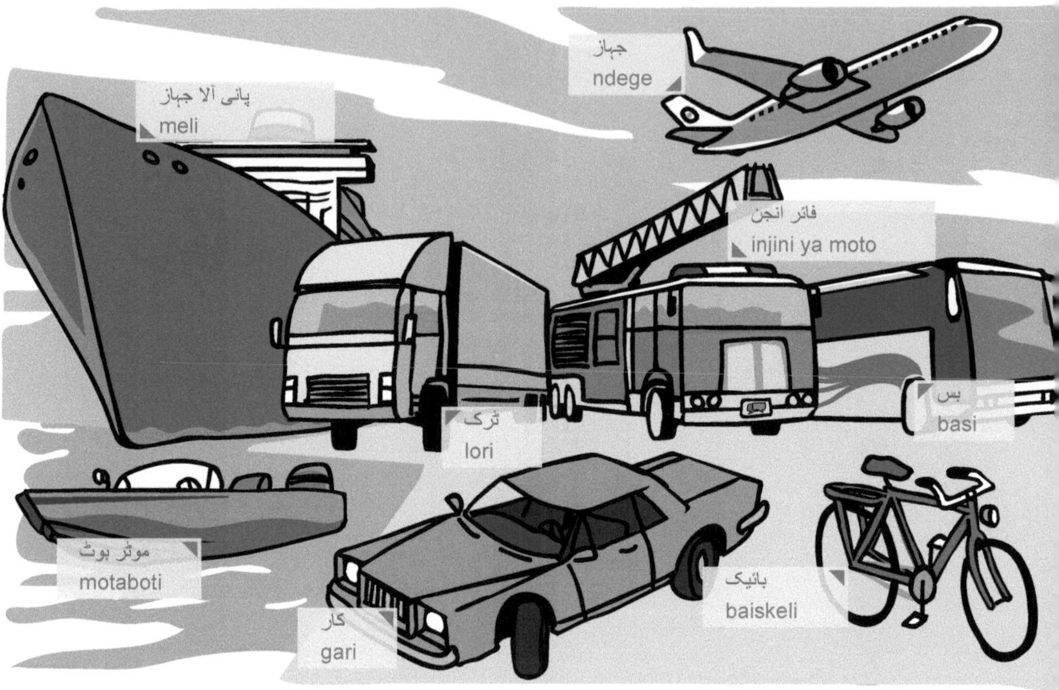
جہاز
ndege
پانی آلا جہاز
meli
فائر انجن
injini ya moto
ٹرک
lori
بس
basi
موٹر بوٹ
motaboti
بائیک
baiskeli
کار
gari

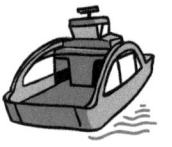

فیری

feri

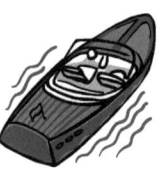

کشتی

mashua

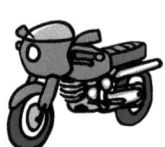

موٹر بائیک

pikipiki

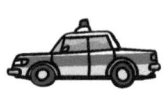

پولیس کار

gari la polisi

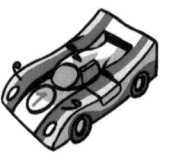

ریسنگ کار

gari la mashindano

کرایہ نی گڈّ

gari la kukodisha

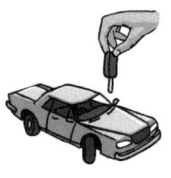

كار شنيرنگ

kushiriki gari

بريك ڈاؤن ٹرک

lori la kuvuta

ريفيوز ٹرک

ukusanyaji taka

موٹر

motor

فيول

mafuta

پٹرول سٹيشن

kituo cha mafuta

ٹريفک سائن

ishara trafiki

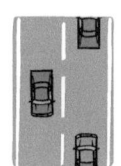

ٹريفک

trafiki

ٹريفک جام

msongamano

كار پارک

maegesho

ريل سٹيشن

kituo cha treni

ٹريکس

reli

ريل

garimoshi

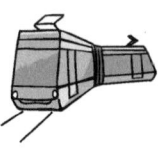

ٹرام

tremu

كيرج

gari la mizigo

بیلی کاپٹر

helikopta

ائر پورٹ

uwanja wa ndege

مینار

mnara

مسافر

abiria

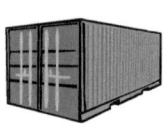

کنٹینر

chombo

کاٹن

katoni

چھکڑا

mkokoteni

بالٹی

kikapu

اڑنا / لپنا

ondoka

شہر

jiji

پنڈ

kijiji

سٹی سینٹر

katikati ya jiji

گھار

nyumba

سینما
sinema

مشہوری
tangazo

سٹریٹ لیمپ
taa za mitaani

CINEMA

گلی
barabara

ٹیکسی
teksi

پیدل چلن آلے
mtembea kwa miguu

سنیک شاپ
duka la vitafunio

سلیٹ
njia ya waenda kwa miguu

زیبرا کراسنگ
kivuko

بن
pipa

کراسنگ
kuvuka

ٹریفک لائٹس
taa za trafiki

بٹ
kibanda

فلیٹ
gorofa

ریل سٹیشن
kituo cha treni

ٹاؤن ہال
ukumbi wa mji

میوزئیم
Makavazi

سکول
shule

یونیورسٹی

chuo kikuu

بینک

benki

ہسپتال

hospitali

ہوٹل

hoteli

فارمیسی

duka la dawa

دفتر

ofisi

کتب خانہ

duka la kitabu

بٹی

duka

پھلاں الے

duka la maua

سپر مارکیٹ

dukakuu

بازار

soko

ڈیپارٹمنٹ سٹور

idara ya kuhifadhi

مچھیرے

mwuza samaki

شاپنگ سینٹر

kituo cha ununuzi

بندرگاہ

bandari

پارک

Hifadhi

بینچ

benki

پل

daraja

سیڑھیاں

vidato

انڈر گراؤنڈ

chini ya ardhi

ٹنل

handaki

بس سٹاپ

kituo cha mabasi

بار

bar

ریسٹورنٹ

mgahawa

پوسٹ بکس

sanduku la posta

سٹریٹ سائن

ishara ya barabara

پارکنگ میٹر

mita ya maegesho

چڑیا کھار

bustani ya wanyama

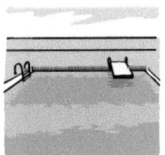

سوئمنگ پول

kidimbwi cha kuogelea

مسجد

msikiti

فارم

shamba

آلودگی

uchafuzi

قبرستان

makaburini

چرچ

kanisa

پلے گراؤنڈ

uwanja wa michezo

مندر

hekalu

منظر

mazingira

پتہ
jani

سائن پوسٹ
ishara ya mwelekeo

راہ
njia

سر سبز میدان
malisho

پتھر
jiwe

درخت
mti

بانگر
mtembeaji wa masafa

دریا
mto

کاھ
nyasi

پھل
ua

وادی
....
bonde

پہاڑی
....
kilima

نہر
....
ziwa

جنگل
....
msitu

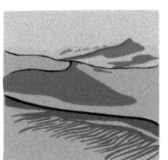

صحرا
....
jangwa

آتش فشاں
....
volkano

قلعہ
....
ngome

رین بو
....
upinde wa mvua

کھمبی
....
uyoga

پام ٹری
....
mtende

مچھر
....
mbu

مکھی
....
kuruka

چیونٹا
....
chungu

مکھی
....
nyuki

مکڑی
....
buibui

بهونرا
....
mende

مينڈک
....
chura

گلهری
....
kuchakuro

سيهہ
....
nungunungu

ساهيا
....
sungura

الو
....
bundi

پرنده
....
ndege

راج بنس
....
swan

نر سور
....
nguruwe mwitu

هرن
....
kulungu

باره سنگا
....
aina ya kongoni

ڈيم
....
bwawa

ونڈ ٹربائن
....
tabo ya upepo

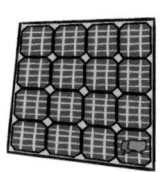

شمسی توانائی دا پينل
....
nishaji ya jua

آب و بوا
....
hali ya hewa

ریسٹورنٹ

mgahawa

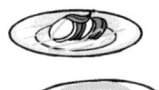

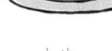

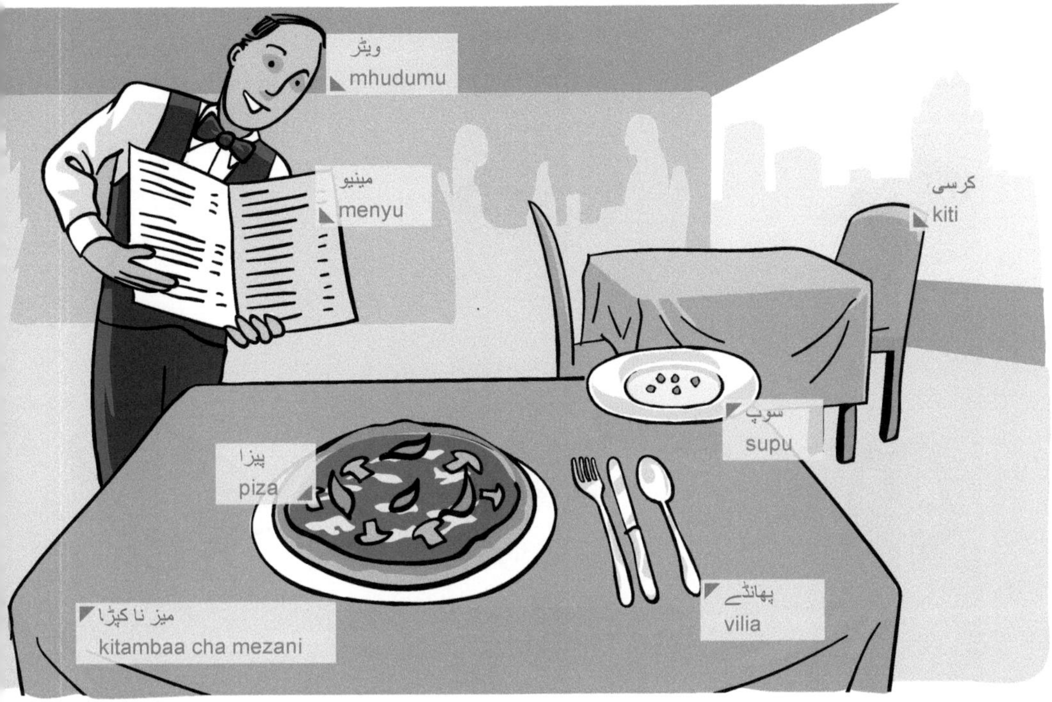
ویٹر
mhudumu
مینیو
menyu
کرسی
kiti
سوپ
supu
پیزا
piza
پھانڈے
vilia
میز نا کپڑا
kitambaa cha mezani

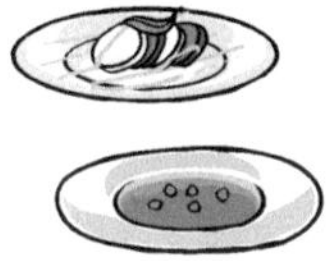

سٹارٹر

kiamsha hamu

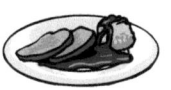

مین کورس

kozi kuu

ڈیزرٹ

kitindamlo

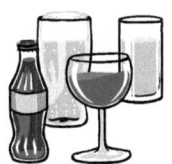

مشروب

vinywaji

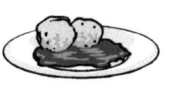

کھانا

chakula

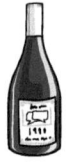

بوتل

chupa

فاسٹ فوڈ

chakula cha haraka

سٹریٹ فوڈ

Streetfood

ٹی پاٹ

buli

شوگر بول

kisanduku cha sukari

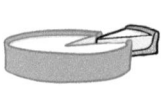

پورشن

sehemu

اسپریسو مشین

mashine ya espresso

بائی چیئر

kiti kirefu

بل

muswada

ٹرے

trei

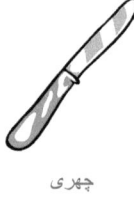

چھری

kisu

کانٹا

uma

چمچ

kijiko

ٹی سپون

kijiko cha chai

تولیہ

nepi

گلاس

glasi

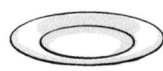

پلیٹ
....
sahani

سوپ پلیٹ
....
sahani ya supu

ساسر
....
sufuria

چٹنی
....
mchuzi

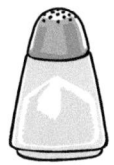

نمک دانی
....
kichanyaji chumvi

پیپر مل
....
kinu cha pilipili

سرکہ
....
siki

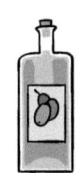

تیل
....
mafuta

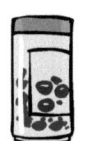 

مصالحہ
....
viungo

کیچپ
....
kechapu

سرپینوں
....
haradali

مینیز
....
kachumbari nzlto

سپر مارکیٹ
dukakuu

سپیشل آفر
ofa maalum
FOR
گاہک
mteja
ڈیری
maziwa
پھل
matunda
ٹرالی
toroli

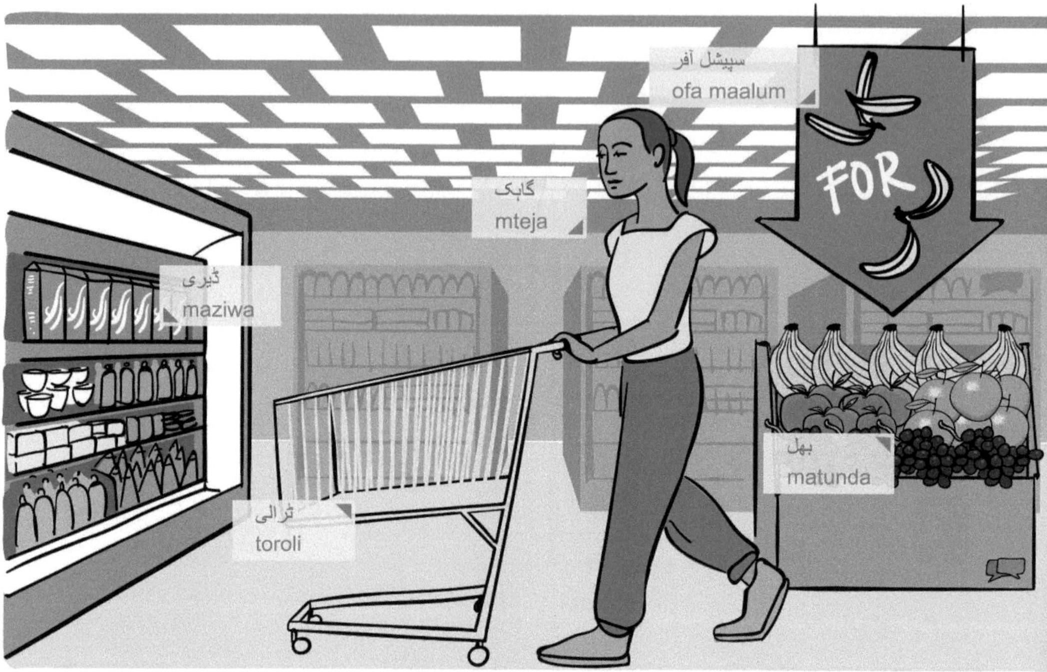

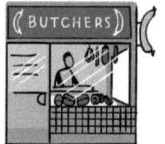

BUTCHERS

قصائی
mchinjaji

BAKERY

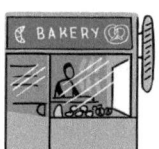

بیکرز
mwokaji

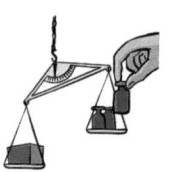

وزن
uzito

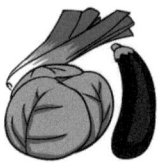

سبزیاں
mboga

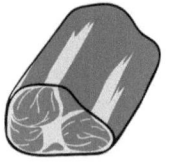

گوشت
nyama

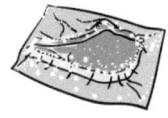

فروزن فوڈ
chakula waliohifadhiwa

کولڈ گوشت

ipande vya nyama baridi

ٹن فوڈ

chakula cha kopo

واشنگ پوڈر

sabuni ya unga

مٹھائی

pipi

کھار دیاں چیزاں

bidhaa za kaya

صفائی آلی چیزاں

bidhaa za kusafisha

سیل مین

mtu mauzo

ٹل

mpaka

کیشنیر

keshia

شاپنگ لسٹ

orodha ya manunuzi

کھلن دا ویلا

masaa ya ufunguzi

پرس

mkoba

کریڈٹ کارڈ

kadi

بیگ

mfuko

پلاسٹک بیگ

mfuko wa plastiki

پانی

maji

سوج

sharubati

هدد

maziwa

کوک

coke

شراب

mvinyo

شراب

bia

شراب

pombe

کوکا

kakao

چا

chai

کافی

kahawa

اسپریسو

spreso

کپچینو

kapuchino

کیلا

ndizi

سیب

tufaha

موسمبی

machungwa

تربوز

tikiti

نیمبو

lemon

گاجر

karoti

لہسن

kitunguu saumu

بانس

mianzi

پیاز

kitunguu

کھمبی

uyoga

میوے

karanga

نوڈلز

nudo

سپیگیٹی
....
spageti

چاول
....
mpunga

سلاد
....
saladi

چپس
....
vibanzi

تلے ہوئے آلو
....
viazi vya kukaanga

پیزا
....
piza

بیم برگر
....
hambaga

سینڈوچ
....
sandwichi

تکے
....
kipande

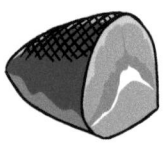

بیم
....
paja la mnyama

سلامی
....
salami

ساسج
....
soseji

مرغی
....
kuku

بھنیا ہویا
....
choma

مچھی
....
samaki

جو نا دلیہ

oats ya uji

مولی

muesli

کارن فلیکس

cornflakes

آٹا

unga

کرائسنٹ

kroisanti

بریڈ رول

andazi

روٹی

mkate

ٹوسٹ

mkate wa kubanika

بسکٹ

biskuti

مکھن

siagi

دہی

maziwa mgando

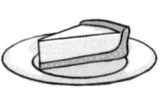

کیک

keki

انڈا

yai

تلیا انڈا

yai kukaanga

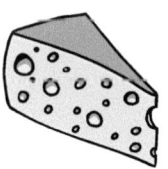

پنیر

jibini

آئس کریم

aiskrimu

چینی

sukari

شہد

asali

جام

jemu

چاکلیٹ سپریڈ

kuenea kwa chokoleti

سالن

mchuzi wa viungo

فارم
shamba

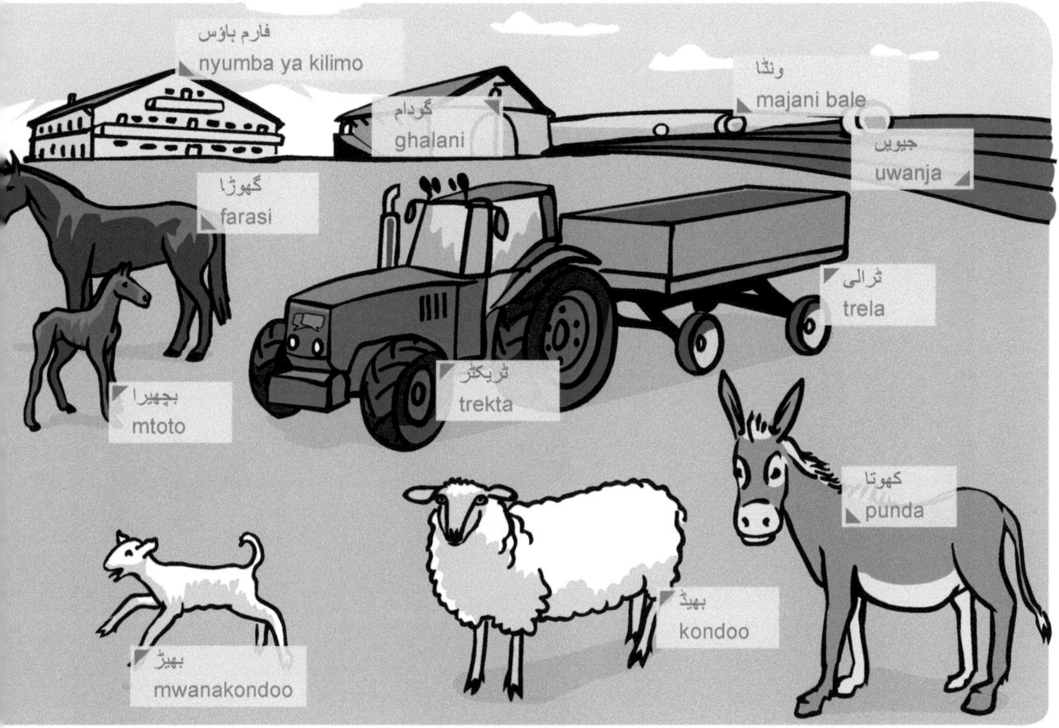

فارم ہاؤس
nyumba ya kilimo
گودام
ghalani
ونڈا
majani bale
جیویں
uwanja
گھوڑا
farasi
ٹرالی
trela
ٹریکٹر
trekta
بچھیرا
mtoto
کھوتا
punda
بھیڈ
kondoo
بھیڑ
mwanakondoo

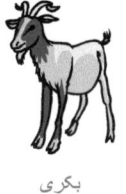

بکری
mbuzi

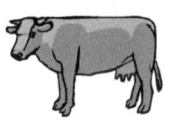

گاں
ng'ombe

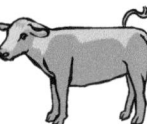

بچھڑا
ndama

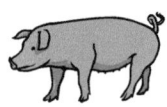

سور
nguruwe

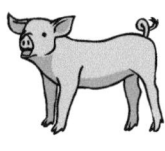

پگ لیٹ
mwananguruwe

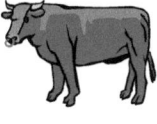

بیل
fahali

بطخ

batabukini

بطخ

bata

چوزہ

kifaranga

مرغی

kuku

مرغا

jogoo

چوہا

panya

بلی

paka

چوہا

panya

بیل

ng'ombe

کتا

mbwa

کتے نا کھار

nyumba ya mbwa

لان نا پائپ

bomba la bustani

پانی نا ڈبی

debe la kumwagilia maji

درانتی

fyekeo

ہل

kulima

درانتی
mundu

ہو
jembe

ترنگل
uma wa nyasi

کوباڑی
shoka

ریڑھی
toroli

ڈونگا
kupitia nyimbo

دودھ ناٹبہ
chombo cha maziwa

بورا
gunia

باڑ
ua

اصطبل
imara

گرین ہاؤس
chafu

مٹی
udongo

بیج
mbegu

کھاد
mbolea

کمبائن ہارویسٹر
kivunaji

فصل

mavuno

فصل

mavuno

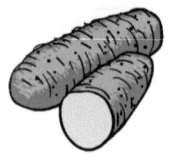

يامز

viazi vikuu

كنك

ngano

سويا

soya

آلو

viazi

مكئى

mahindi

تلى

rapa

پھلدار درخت

mti wa matunda

كاساوا

muhogo

اناج

nafaka

nyumba

چمنی
chimni

چهت
paa

نالی
bomba la maji ya mvua

کهڑکی
dirisha

گیراج
gareji

دروازے نی گهنٹی
kengele ya mlangoni

دروازه
mlango

کچرا دان
pipa la taka

لیٹر باکس
sanduku la barua

باغ
bustani

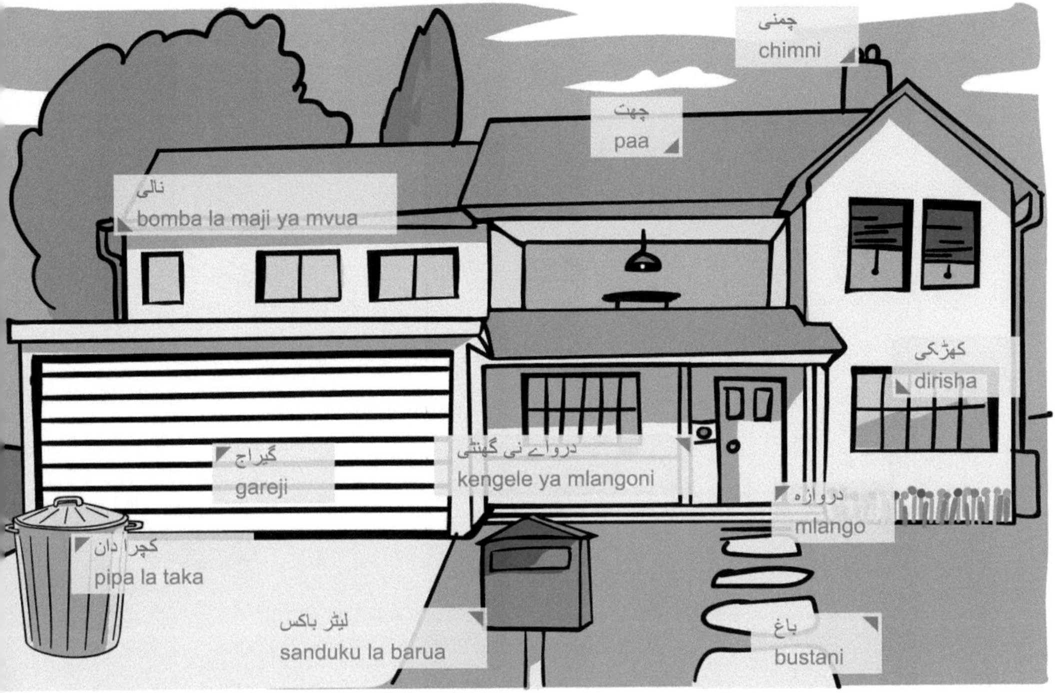

لونگ روم
sebuleni

باتھ روم
bafu

باورچہ خانہ
jikoni

بیڈروم
chumba cha kulala

بچیاں نا کمره
chumba ya mtoto

ڈائننگ روم
chumba cha kulia

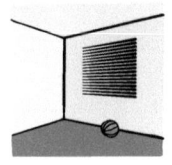

فرش
sakafu

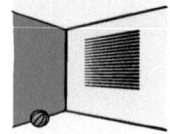

ديوار
ukuta

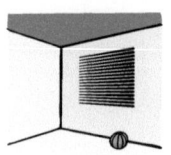

چھت
dari

سلھا
pishi

سوانا
sauna

بالکنی
roshani

ٹیرس
mtaro

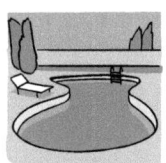

پول
kidimbwi

لان موور
mashine ya kukata nyasi

شیٹ
karatasi

بیڈ سپریڈ
kitambaa cha kupamba
kitanda

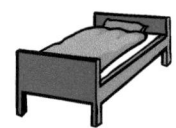

بیڈ
kitanda

جھاڑو
ufagio

بالٹی
ndoo

سوئچ
kubadili

لونگ روم
sebuleni

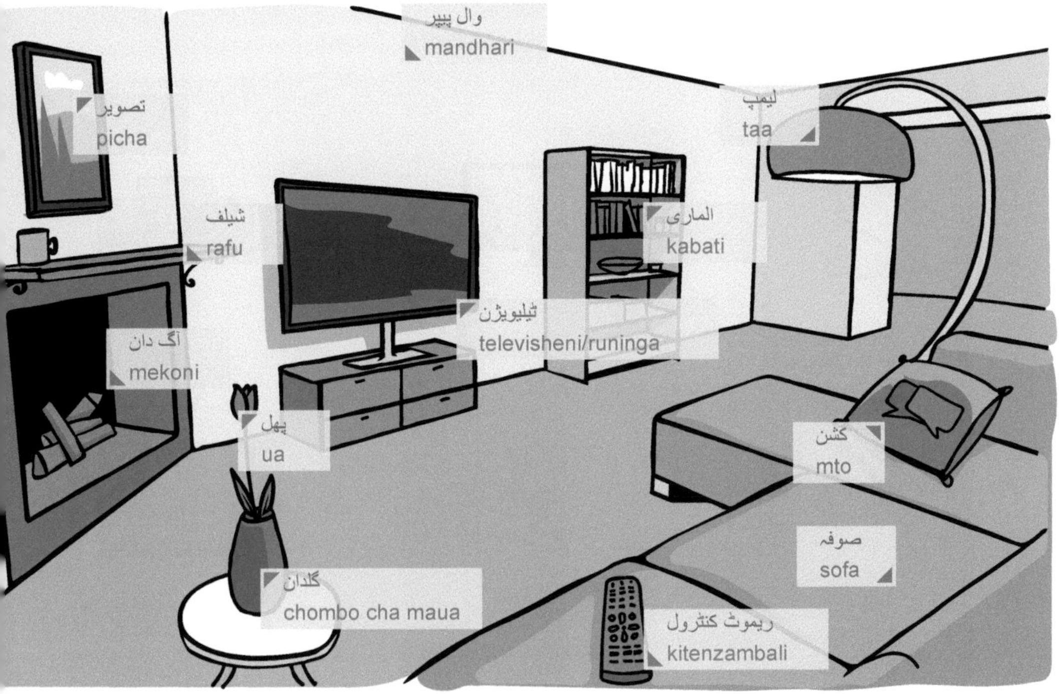

وال پیپر
mandhari
تصویر
picha
لیمپ
taa
شیلف
rafu
الماری
kabati
ٹیلیویژن
televisheni/runinga
آگ دان
mekoni
پھل
ua
کشن
mto
صوفہ
sofa
گلدان
chombo cha maua
ریموٹ کنٹرول
kitenzambali

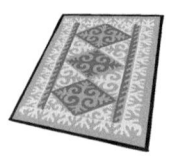

قالین
zulia

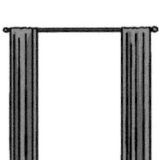

پردے
pazia

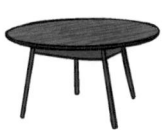

میز
meza

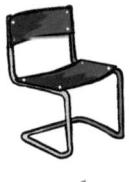

کرسی
kiti

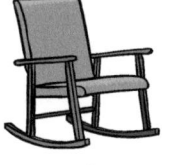

راکنگ چئیر
kiti cha bembea

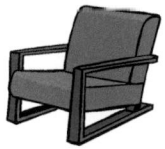

آرم چئیر
armchair

کتاب

kitabu

کمبل

blanketi

ڈیکوریشن

mapambo

کولے

kuni

فلم

filamu

ہائی فائی آلات

kifaa cha hi-fi

چابی

ufunguo

اخبار

gazeti

پینٹنگ

uchoraji

پوسٹر

bango

ریڈیو

redio

نوٹ پیڈ

daftari

ہوور

kifyonza

کیکٹس

dungusi kakati

موم بتی

mshumaa

باورچہ خانہ
jikoni

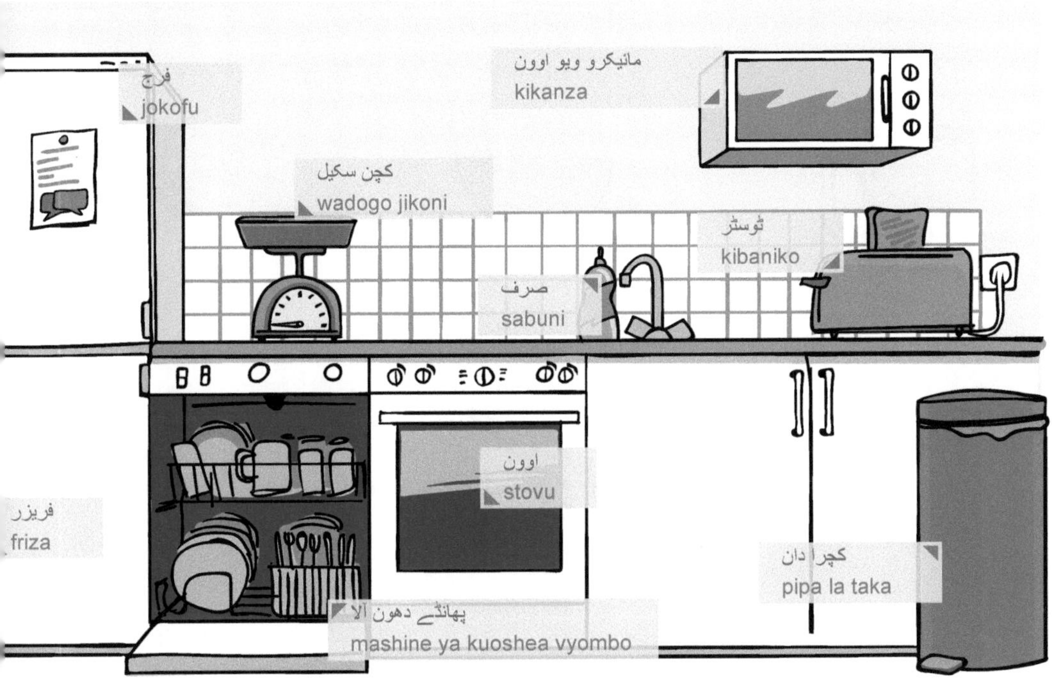

فرج
jokofu
مائیکرو ویو اوون
kikanza
کچن سکیل
wadogo jikoni
ٹوسٹر
kibaniko
صرف
sabuni
اوون
stovu
فریزر
friza
کچرا دان
pipa la taka
پھانڈے دھون آلا
mashine ya kuoshea vyombo

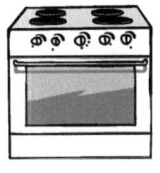

ککر

jiko la kupika

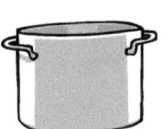

پاٹ

chungu

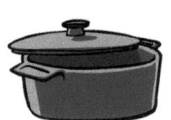

کاسٹ آئرن پاٹ

sufuria ya chuma

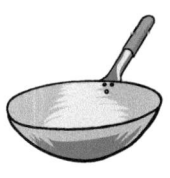

ووک / کدائی

wok / kadai

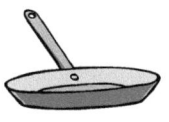

پین

kaango

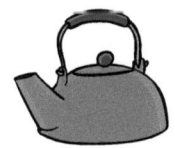

کیتلی

birika

سٹیمر

stima

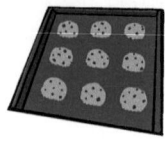

بیکنگ ٹرے

sinia ya kuoka

پھانٹے

vyombo vya udongo

مگا

kombe

پیالہ

bakuli

چوپ سٹکس

vijiti vya kulia

کرچھل

ukawa

اسپالی

mwiko mpana

پھینٹن آلا

burashi

چھننا

kichujio

چھننی

chujio

جھاواں

mbuzi

کھان پکان آلا چمچہ

chokaa

باربی کیو

barbeque

چولھا

moto wazi

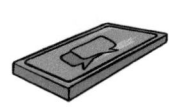

کٹنگ بورڈ

ubao wa majaribio

رولنگ پن

kijiti cha kusukuma unga

کارک سکرو

kizibuo

کین

kopo

کین کھلون آلا

inaweza kopo

پاٹ پگڑن آلا

kishikio cha chungu

سنک

karo

برش

brashi

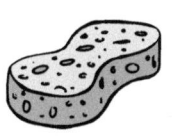

سپنج

sifongo

بلینڈر

kisagaji matunda

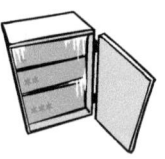

ڈیپ فریزر

friji ya kina

بچے نی بوتل

chupa ya mtoto

ٹوٹی

bomba

باتھ روم

bafu

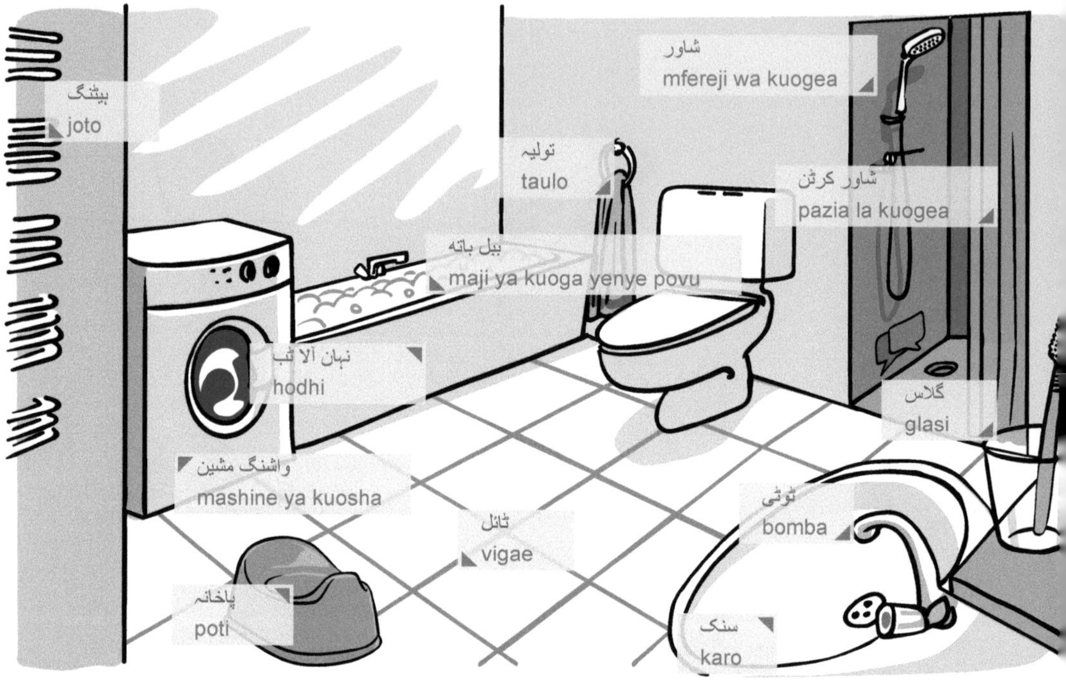

ہیٹنگ
joto
شاور
mfereji wa kuogea
تولیہ
taulo
شاور کرٹن
pazia la kuogea
ببل باتھ
maji ya kuoga yenye povu
نہان آلا ٹب
hodhi
گلاس
glasi
واشنگ مشین
mashine ya kuosha
ٹوٹی
bomba
ٹائل
vigae
پاخانہ
poti
سنک
karo

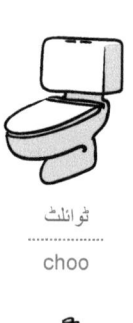

ٹوائلٹ

choo

ٹوائلٹ

choo cha squat

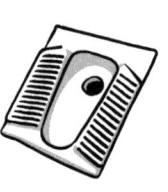

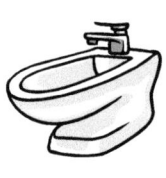

بڈت

beseni la mviringo

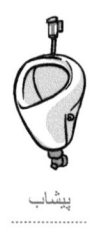

پیشاب

choo cha umma

ٹوائلٹ پیپر

shashi

ٹوائلٹ برش

brashi ya choo

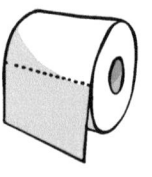

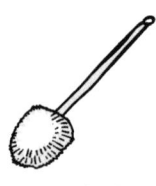

ٹوتھ برش

mswaki

ٹوتھ پیسٹ

dawa ya meno

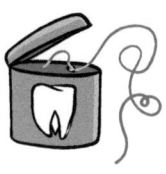

ڈینٹل فلاس

dawa ya meno

دھونا

safisha

بتہ وچ پھڑن آلا شاور

kuoga mkono

شاور

msukumo wa maji

بیسن

bonde

بیک برش

mpako wa pili

صابن

sabuni

شاور جیل

jeli ya kuogea

شیمپو

shampuu

فلالین

flana

نالی

toa maji

کریم

krimu

ڈیوڈرنٹ

kiondoa harufu

آئینہ

kioo

شیشہ آلا بتہ

kioo mkono

استرا

kinyozi

شیونگ فوم

povu la kunyoa

آفٹر سیو

baada ya kunyoa

کنگھا

kichana

برش

brashi

بنیر ڈرائر

kikausha nywele

بنیر سپرے

marashi ya nyewele

میک اپ

vipodozi

لپ سٹک

kidomwa

ناخن نی وارنش

varnish ya msumari

کاٹن وول

pamba

ناخن کتر

mkasi wa kucha

پرفیوم

manukato

واش بيگ

mkoba wa kuosha

پاخانه

kinyesi

وزن دا پیمانه

mizani

باته نی الماری

nguo ya kuoga

ربر نے دستانہ

glavu za mpira

بفر

kisodo

تولیہ سٹینڈ

sodo

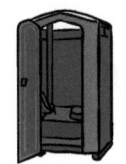

کیمیکل ٹوائلٹ

kemikali choo

بچیاں نا کمرہ

chumba ya mtoto

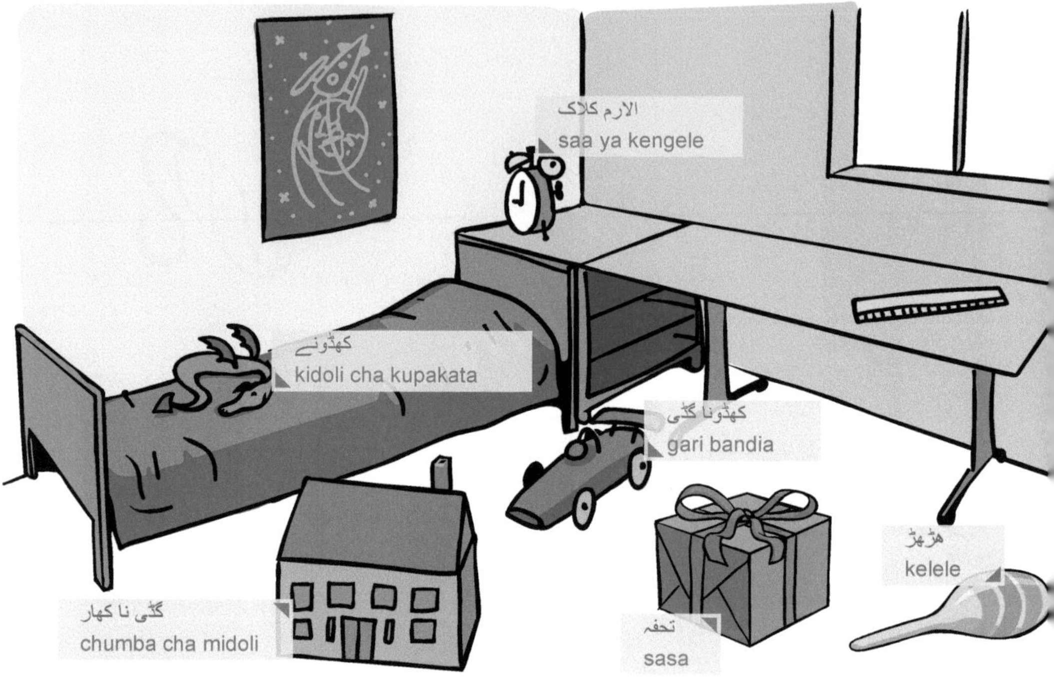

الارم کلاک
saa ya kengele
کھڈونے
kidoli cha kupakata
کھڈونا گڈی
gari bandia
ھڑھڑ
kelele
گڈی نا کھار
chumba cha midoli
تحفہ
sasa

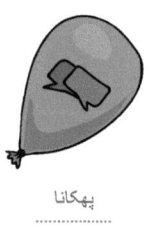

پھکانا

baluni

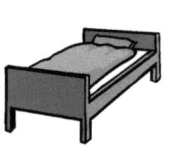

بیڈ

kitanda

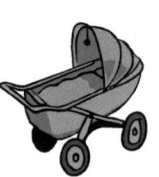

پرام

mashua

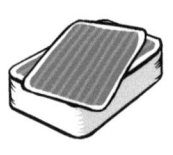

تاش نے پتے

staha ya kadi

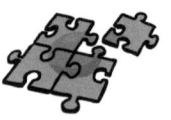

جگ سا

mchezo-fumb

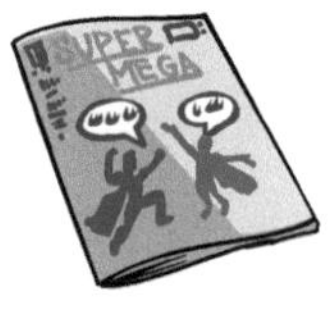

کامک

vichekesho

لیگو بِرکس

matofali lego

بلڈنگ بلاکس

vitalu mwigo

کھڈونا

hatua takwimu

بے بی گرو

suti ya kulalia

فرزوی

kisahani

موبائل

simu

بورڈ گیم

ubao wa michezo

ڈائس

kete

ماڈل ٹرن سیٹ

garimoshi mwigo

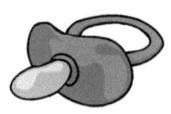

ڈمی

dummy

پارٹی

chama

تصویری کتاب

picha kitabu

گیند

mpira

گڑی

kikaragosi

کھیلنا

kucheza

سینڈ پٹ

shimo la mchanga

جھولا

bembea

کھلونے

vitu bandia

ویڈیو گیم کنسول

kiweko cha video ya
mchezo

ٹرائی سائیکل

baiskeli ya magurudumu

ٹیڈی بئیر

mwanasesere

matatu

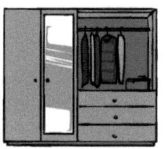

الماری

kabati

جرابان

soksi

جرابان

stokingi

ٹائٹس

kibano

سکارف
skafu

بیلٹ
ukanda

چھتری
mwavuli

ٹی شرٹ
fulana

بوٹ
viatu

سلیپر
ndara

جوگر
wakufunzi

سینڈل
....
malapa

جوتی
....
viatu

ربر نے جوتی
....
mabuti ya mpira

انڈر ونیر
....
suruali ya ndani

برا
....
sidiria

بنیان
....
fulana

جسم

mwili

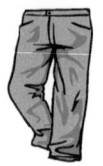

پاجامہ

suruali

جینز

dangirizi

سکرٹ

sketi

برا

blauzi

قمیض

shati

سویٹر

vuta

ہوڈی

sweta

کوٹ

bleza

جیکٹ

jaketi

کوٹ

koti

برساتی

koti la mvua

کاسٹیوم

maleba

کپڑے

gauni

شادی نا جوڑا

mavazi ya harusi

سوٹ

suti

راتے نے کپڑے

vazi la usiku

پاجامہ

pajama

ساڑھی

sari

سکارف

skafu

پگڑی

kilemba

برقعہ

burka

کفتان

kaftan

برقعہ

abaya

نہان والے کپڑے

vazi la kuogelea

انڈرونیر

vazi la kiume la kuogelea

نیکر

kaptura

ٹریک سوٹ

teitei

دھوتی

aproni

دستانے

glavu

بٹن
kifungo

چشمہ
glasi

بریسلیٹ
bangili

بار
mkufu

انگوٹھی
pete

کنٹے
herini

ٹوپی
kofia

کوٹ ہینگر
kiango cha koti

ٹوپی
kofia

ٹائی
tai

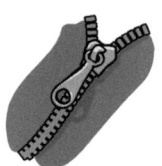

زپ
zipu

ہیلمٹ
kofia

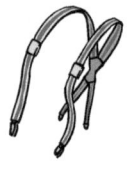

بریسز
kanda za suruali

سکول نی وردی
sare za shule

وردی
sare

کپڑے - nguo

بِب
....
bibu

ڈمی
....
dummy

ناپی
....
nepi

دفتر

ofisi

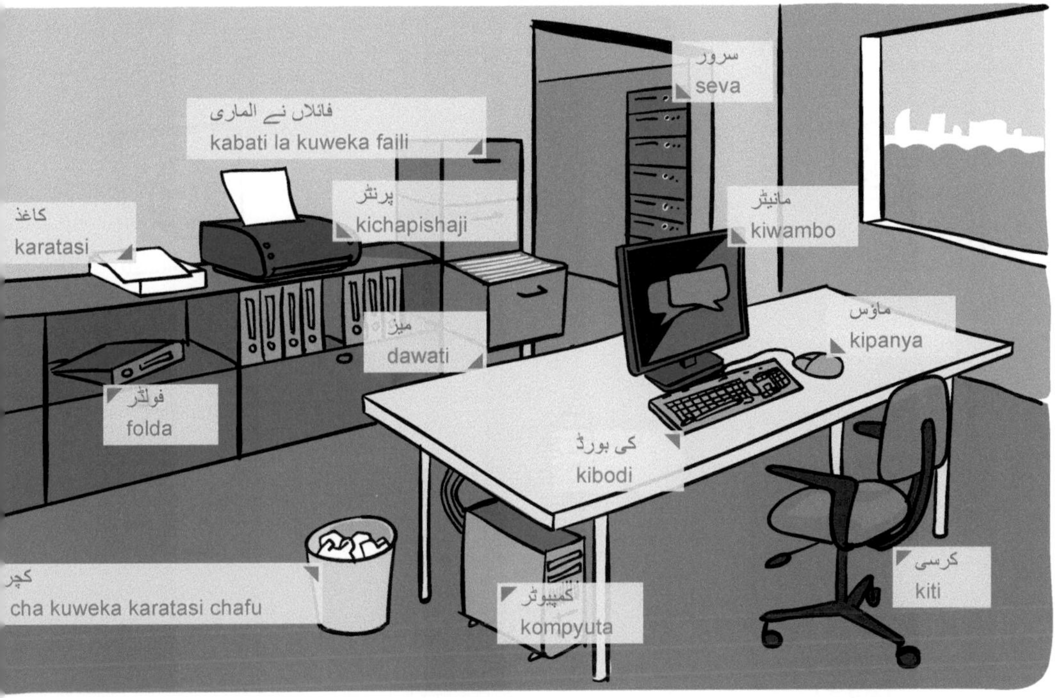

سرور
seva

فائلاں نے الماری
kabati la kuweka faili

کاغذ
karatasi

پرنٹر
kichapishaji

مانیٹر
kiwambo

میز
dawati

ماؤس
kipanya

فولڈر
folda

کی بورڈ
kibodi

کرسی
kiti

کچرا
cha kuweka karatasi chafu

کمپیوٹر
kompyuta

کافی مگ
....
kmobe la kahawa

کیلکولیٹر
....
kikokotoo

انٹرنیٹ
....
biashara

لیپ ٹاپ

mbali

خط

barua

پیغام

ujumbe

موبائل

rununu

نیٹ ورک

intaneti

فوٹو کاپیئر

fotokopia

سافٹ ویئر

programu

ٹیلیفون

simu

پلگ ساکٹ

soketi

فکس مشین

kipepesi

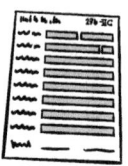

فارم

fomu

دستاویزات

hati

خریدنا

kununua

ادا کرنا

kulipa

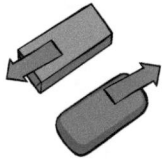

تجارت

biashara

پیسہ

fedha

ڈالر

dola

یورو

yuro

ین

yeni

ربل

rouble

سویس فرانک

faranga ya Uswisi

رینمینبی یوان

renminbi yuan

روپیہ

rupia

کیش پوائنٹ

eneo la kulipia

ایکسچینج دفتر

ofisi ya ubadilishanaji

سونا

dhahabu

چاندی

fedha

تیل

mafuta

توانائی

nishati

قیمت

bei

معاہدہ

mkataba

ٹیکس

kodi

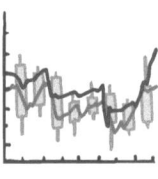

سٹاک

bidhaa

کم

kazi

ملازم

mfanyakazi

آجر

mwajiri

فیکٹری

kiwanda

بٹی

duka

پیشہ

kazi

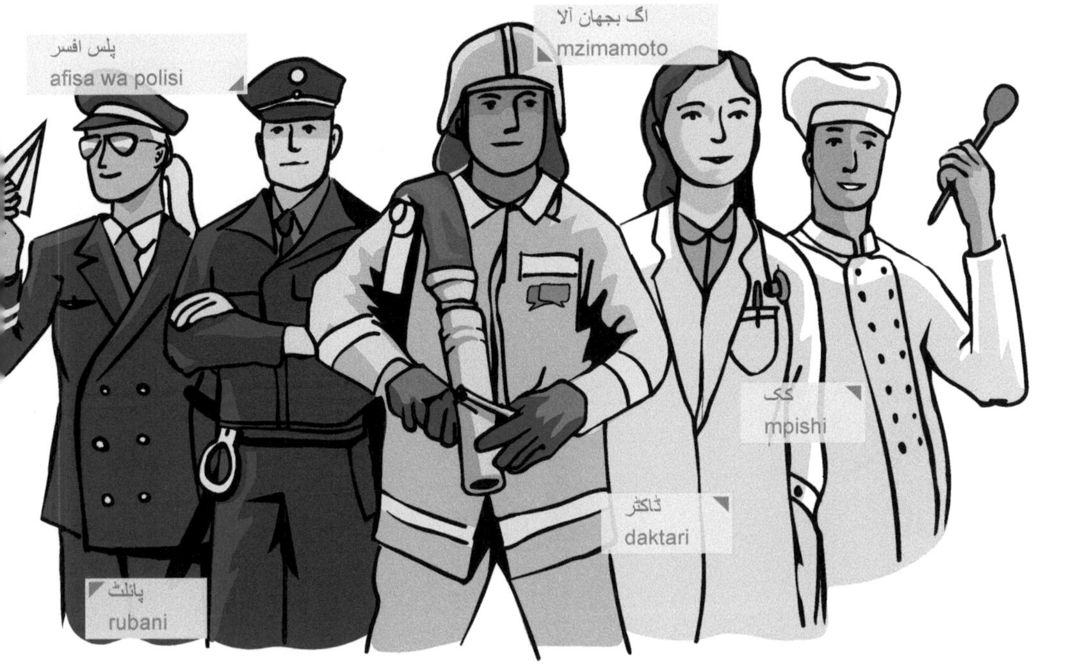

پلس افسر
afisa wa polisi
اگ بجھان آلا
mzimamoto
کک
mpishi
ڈاکٹر
daktari
پائلٹ
rubani

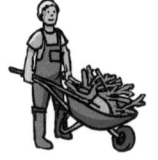

مالی

mtunza bustani

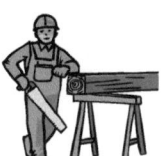

بڑھئی

seremala

درزی

mshonaji

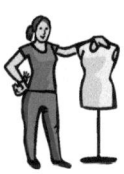

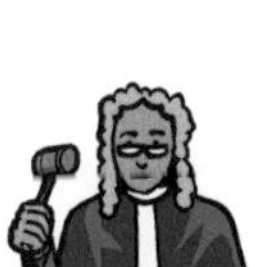

جج

hakimu

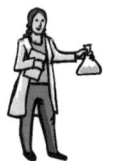

کیمسٹ

mwanakemia

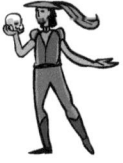

ایکٹر

muigizaji

بس ڈرائیور

dereva wa basi

ٹیکسی ڈرائیور

dereva wa teksi

مچھیرا

mvuvi

صفائی آلی جنانی

mwanamke wa kusafisha

روفر

mwezekaji

ویٹر

mhudumu

شکاری

mwindaji

پینٹر

mchoraji

بیکری آلا

mwokaji

الیکٹریشن

umeme

تعمیرات آلا

mjenzi

انجینیر

mhandisi

قصائی

mchinjaji

پلمبر

fundi bomba

پوسٹ مین

mwanaposta

سپاہی

mwanajeshi

آرکیٹیکٹ

msanifu majengo

کیشیئر

keshia

پھلاں آلا

muuza maua

نائی

msusi

کنڈکٹر

kondakta

مکینک

mekanika

کپتان

nahodha

دندان ساز

daktari wa meno

سائنس دان

mwanasayansi

ربائی

rabbi

امام

imamu

راہب

mtawa

انگریز

kasisi

ٹولز

zana

ہتھوڑا
nyundo
پلائر
koleo
سکریو ڈرائیور
bisibisi
سپینر
spana
ٹارچ
kurunzi

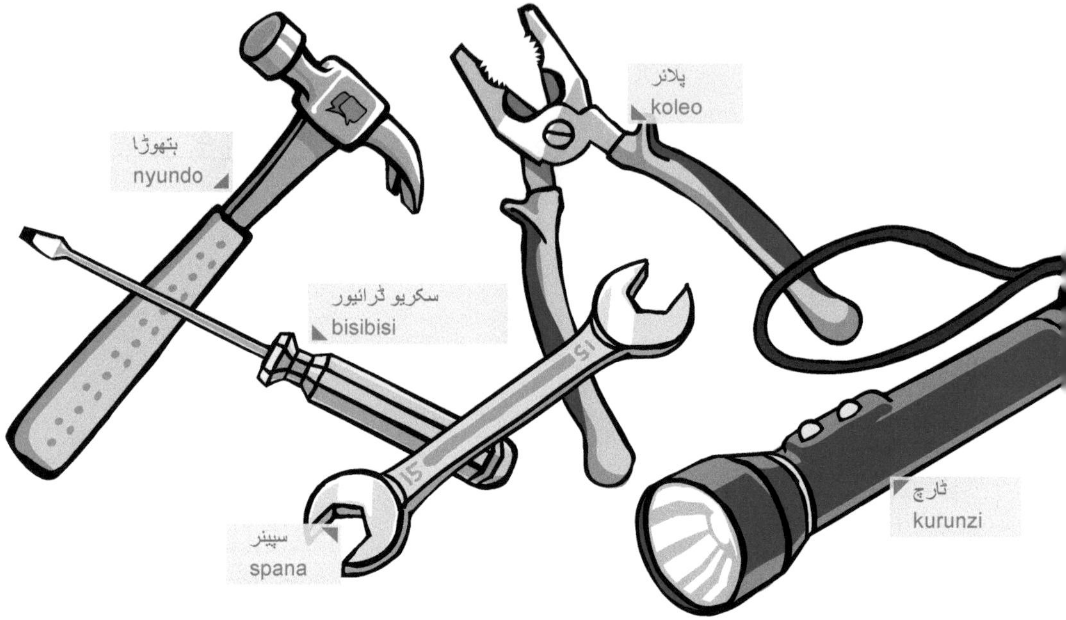

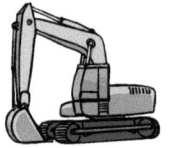

پھاوڑا

mchimbaji

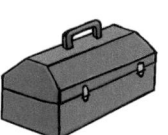

ٹول باکس

sanduku la vifaa

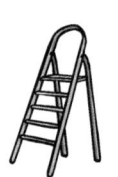

سیڑھی

ngazi

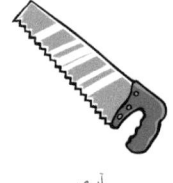

آری

msumeno

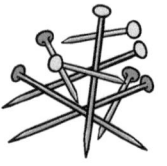

کیل

misumari

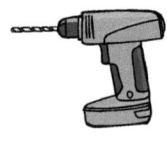

ڈرل

kuchimba visima

مرمت
....
kukarabati

شاول
....
sepetu

لعنت!
....
Lo!

ڈسٹ پین
....
kishikio cha uchafu

پینٹ پاٹ
....
chungu cha rangi

سکریوز
....
skurubu

موسیقی نے آلات

ala za muziki

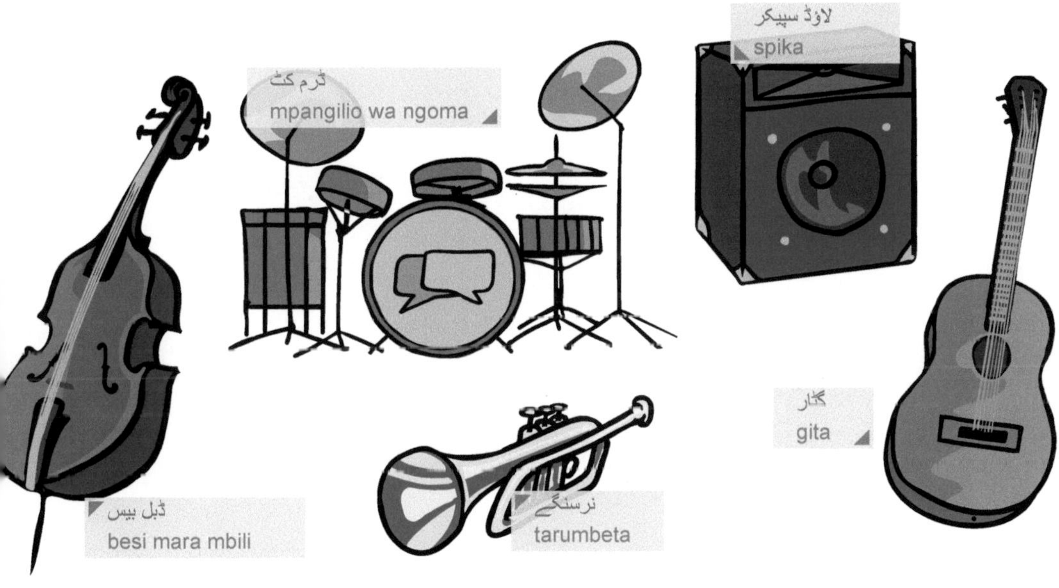

لاؤڈ سپیکر
spika

ٹرم کٹ
mpangilio wa ngoma

گٹار
gita

ڈبل بیس
besi mara mbili

نرسنگے
tarumbeta

پیانو

piano

وائلن

fidla

بیس

ubeji

ٹمپانی

timpani

ڈرمز

ngoma

کی بورڈ

kibodi

سیگزو فون

saksafoni

بانسری

filimbi

مائکروفون

maikrofoni

چڑیا کھار

bustani ya wanyama

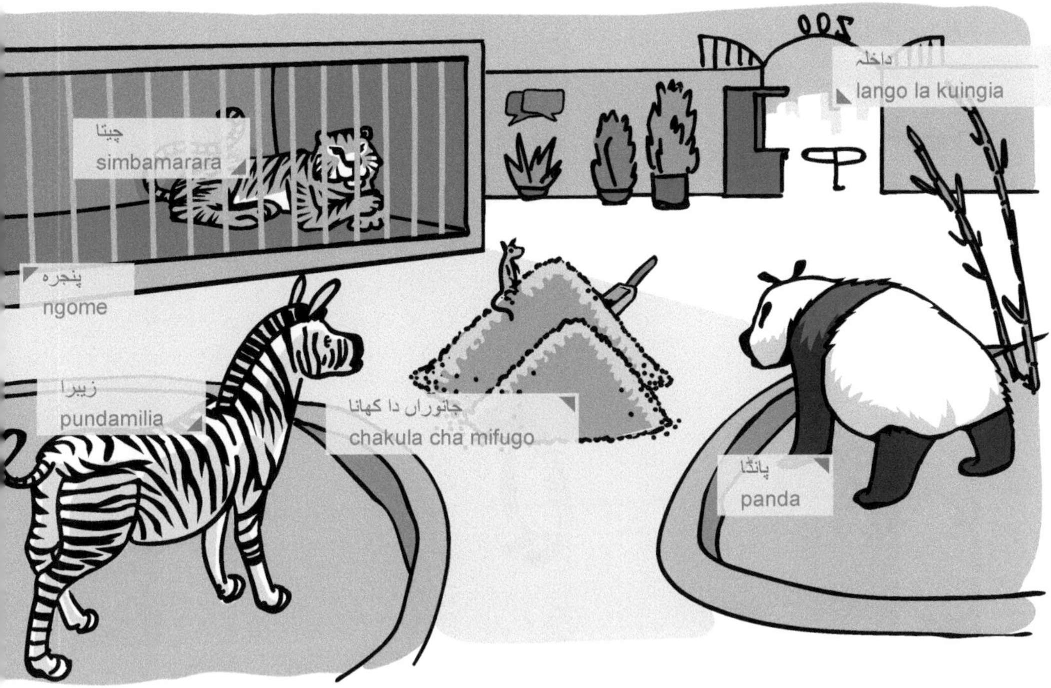
داخلہ
lango la kuingia
چیتا
simbamarara
پنجرہ
ngome
زیبرا
pundamilia
جانوراں دا کھانا
chakula cha mifugo
پانڈا
panda

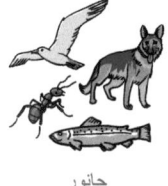

جانور

wanyama

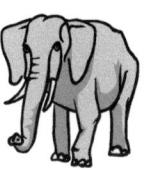

ہاتھی

tembo

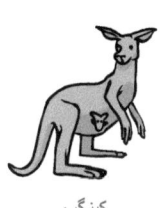

کینگرو

kangaruu

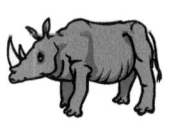

گینڈا

kifaru

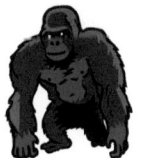

گوریلا

sokwe

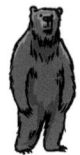

ریچھ

dubu

اونٹ

ngamia

شترمرغ

mbuni

شیر

simba

باندر

tumbili

فلیمنگو

heroe

طوطا

kasuku

برفانی ریچھ

dubu

پینگوئین

penguini

شارک

papa

مور

tausi

سپ

nyoka

مگرمچھ

mamba

چڑیا گھر دا رکھوالا

mtunza wanyama

سیل

muhuri

جیگوار

jaguar

پونی

mwanafarasi

لیپرڈ

chui

ہپو

kiboko

زرافہ

twiga

چیل

tai

نر سور

nguruwe mwitu

مچھی

samaki

کیچھوا

kobe

والرس

sili

لومبڑ

mbweha

گیزل

paa

امریکن فٹبال
soka ya marekani

سائکلنگ
uendeshaji baiskeli

ٹینس
tenisi

باسکٹ بال
mpira wa kikapu

سوئمنگ
kuogelea

آئس ہاکی
magongo ya barafuni

باکسنگ
ndondi

فٹبال
soka

بیڈ منٹن
vinyoya

ایتھلیٹکس
riadha

ہینڈ بال
mpira wa mikono

سکیینگ
skii

پولو
polo

بنسنا
cheka

چھال مار
uruka

چھپی پانا
kumbatia

چلنا
kutembea

گانا گانا
kuimba

خواب
ota ndoto

دعا
kuomba

بوسہ
busu

لکھنا
kuandika

لیک لانا
kuteka

وکھانا
angalia

دھکا
sukuma

دینا
kutoa

لینا
kuchukua

بے وے

kuwa

کرنا

fanya

ہو

kuwa

کھلونا

kusimama

دوڑنا

kukimbia

چیھکنا

vuta

سٹھنا

kutupa

ٹھینا

kuanguka

جھوٹ

hadaa

انتظار

kusubiri

چکنا

kubeba

بیھنا

kukaa

کپڑے پانا

vaa nguo

سونا

usingizi

جاگنا

kuamka

ویکھنا

kuangalia

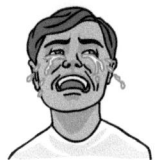

رونا/چلانا

lia

سٹروک

kiharusi

کنگھا

chana nywele

گل کرنا

ongea

سمجھنا

kuelewa

پوچھنا/دسنا

kuuliza

سننا

kusikiliza

پینا

kunywa

کھانا

kula

تیار بونا

nadhifisha

محبت

upendo

پکانا

mpishi

گڈی چلانا

gari

اڑنا

kuruka

سمندری سفر

meli

کیلکولیٹ

kokotoa

پڑھنا

kusoma

سیکھنا

kujifunza

کم

kazi

شادی

kuoa

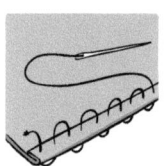

سیونا

kushona

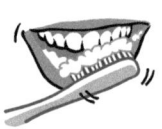

دند صاف

piga mswaki

قتل

kuua

دھواں

moshi

بھیجنا

kutuma

دادی
bibi

دادا
babu

پیو
baba

مان
mama

بچہ
mtoto

دھی
binti

پتر
bin

مہمان

mgeni

ماسی / پھو

shangazi

چاچا/ماما

mjomba

بھرا

kaka

بہن

dada

جسم

mwili

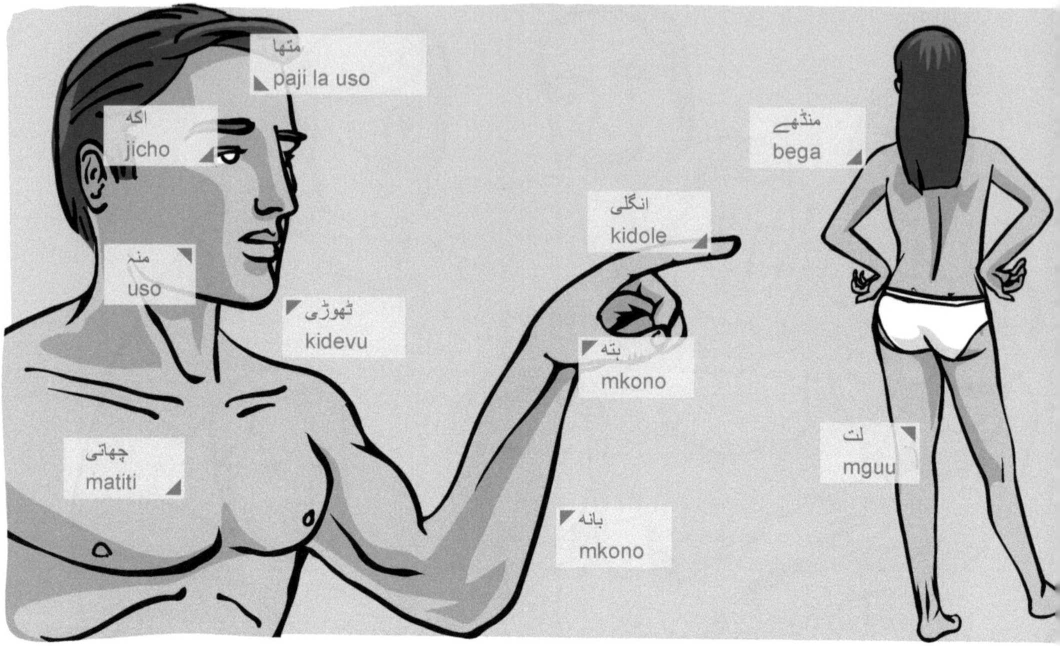

متھا
▶ paji la uso

اکھ
jicho

منہ
uso

ٹھوڑی
kidevu

چھاتی
matiti ◢

انگلی
kidole ▶

بتہ
▶ mkono

بانہ
▶ mkono

منڈھے
bega ◢

لت
mguu

بچہ
....
mtoto

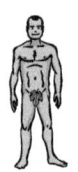

بندہ
....
mwanamume

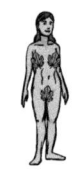

جنانی
....
mwanamke

کڑی
....
msichana

مڑا
....
mvulana

سر
....
kichwa

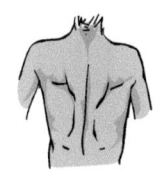

كمر

nyuma

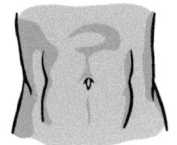

ٹھڈ

tumbo

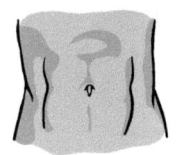

تھنی

kitovu

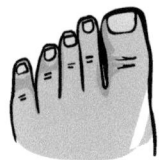

پنجہ

chano

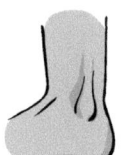

اڑی

kisigino

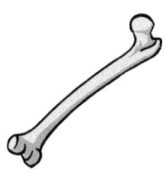

ہڈ

mfupa

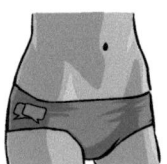

کولہے

nyonga

گوڈے

goti

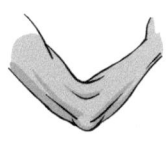

کہنی

kiwiko

نک

pua

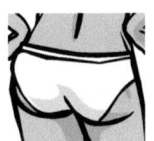

زیر جامہ

chini

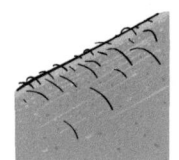

کھل

ngozi

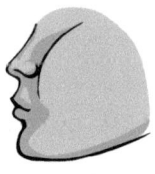

گلاس

shavu

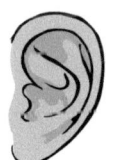

کن

sikio

بل

mdomo

منہ

kinywa

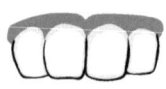

دند

jino

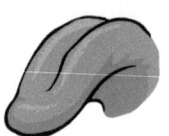

زبان

ulimi

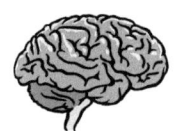

دماغ

ubongo

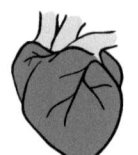

دل

moyo

پٹھے

misuli

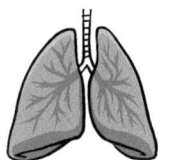

پھیپڑے

pafu

جگر

ini

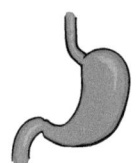

ٹھڈ

tumbo

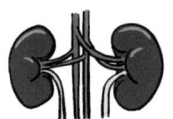

گردے

figo

جنس

jinsia

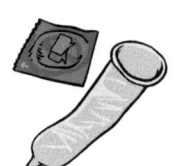

کنڈم

kondomu

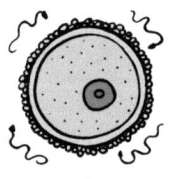

انڈے

ovari

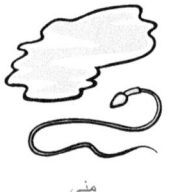

منی

shahawa

حمل

mimba

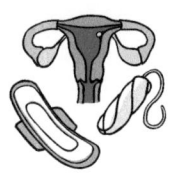

حیض

hedhi

اندام نہانی

uke

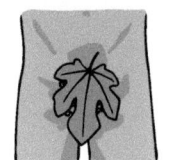

عضو تناسل

uume

بھوں

unyusi

بال

nywele

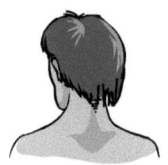

گردن

shingo

ہسپتال
hospitali

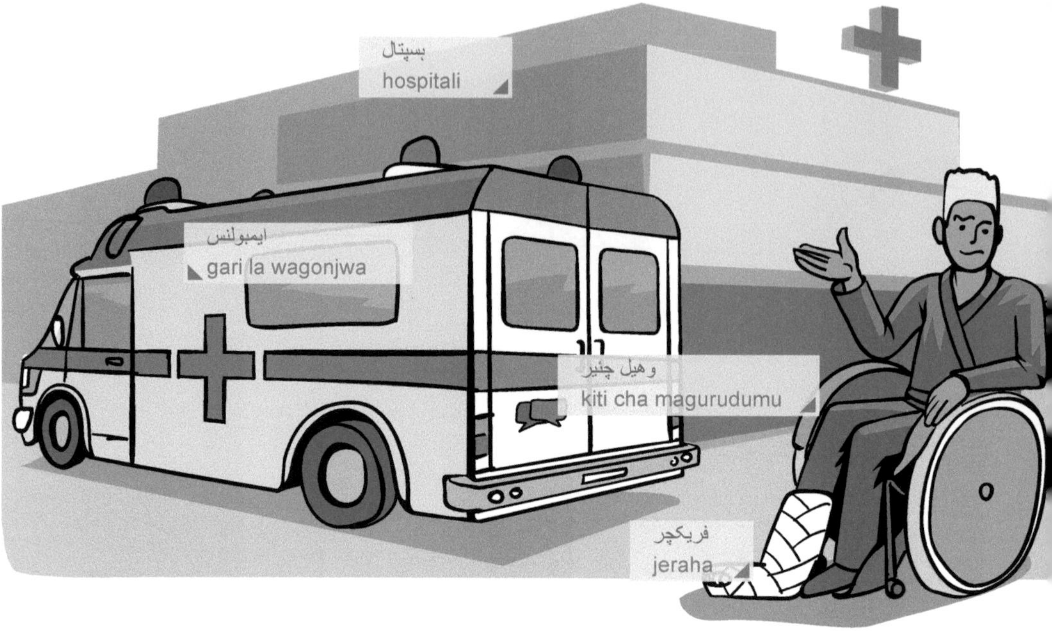

ہسپتال
hospitali
ایمبولنس
gari la wagonjwa
وھیل چئیر
kiti cha magurudumu
فریکچر
jeraha

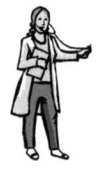

ڈاکٹر

daktari

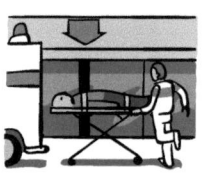

ہنگامی کمرہ

chumba cha dharura

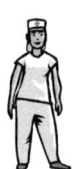

نرس

muuguzi

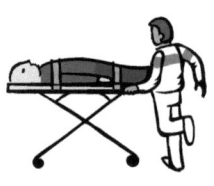

ایمرجنسی

dharura

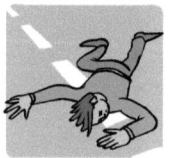

بے ہوش

kupoteza fahamu

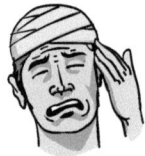

درد

maumivu

ٹسٹ

kuumia

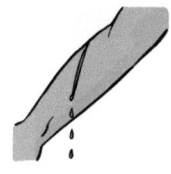

خون نکلنا

kutokwa na damu

دل نا دوره

mshtuko wa moyo

فالج

kiharusi

الرجی

mzio

کهنگ

kikohozi

تپ

homa

نزلہ

mafua

اسہال

kuharisha

سر درد

maumivu ya kichwa

کینسر

kansa

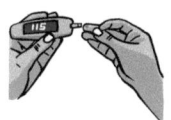

شوگر(ذیابطس)

ugonjwa wa kisukari

سرجن

daktari mpasuaji

سکیلیل

kisu kidogo cha kupasulia

آپریشن

operesheni

بسپتال - **hospitali**　　　　73

سی ٹی

picha changanufu ya mwili

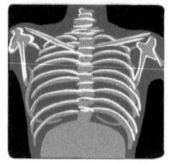

ایکسرے

Eksrei

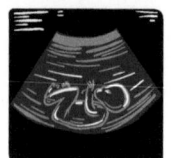

الٹرا ساؤنڈ

mawimbi sauti

چہرہ نا ماسک

barakoa ya uso

بماری

ugonjwa

انتظار گاہ

chumba cha kusubiri

بیساکھی

mkongojo

پلستر

plasta

پٹی

bendeji

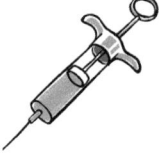

ٹیکہ

sindano

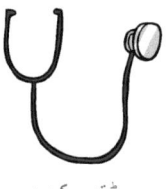

سٹیتھوسکوپ

stetoskopu

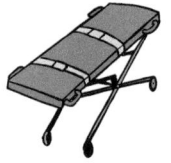

اسٹریچر

machela

کلینکل تھرمومیٹر

kipimajoto cha kliniki

پیدائش

kuzaliwa

زائدالوزن

unene kupita kiasi

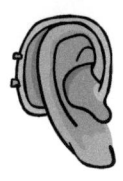

سنن لنی آله

kusikia misaada

جراثیم کش

kipukusi

متعدی مرض

maambukizi

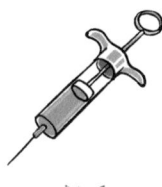

وائرس

virusi

HIV/AIDS

VVU / UKIMWI

دوائی

dawa

ویکسینیشن

chanjo

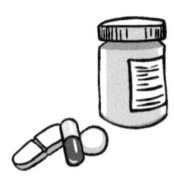

گولیاں

vidonge

گولی

kidonge

ہنگامی کال

simu ya dharura

بلڈ پریشر مانیٹر

haemodainamometa

بیمار / صحتمند

mgonjwa / mwenye afya

مدد!

Msaada!

الارم

kengele

حملہ

pigo

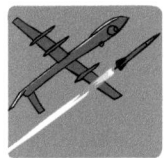

حملہ

shambulizi

خطرہ

hatari

ہنگامی اخراج

lango la dharura

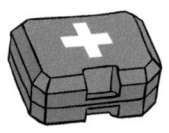

اگ!

Moto!

اگ بجاھن والا آلہ

kizima moto

حادثہ

ajali

فرسٹ ایڈ کٹ

vifaa vya huduma ya
kwanza

SOS

wito wa msaada

پلس

polisi

یورپ

Ulaya

شمالی امریکہ

Amerika ya Kaskazini

جنوبی امریکہ

Amerika ya Kusini

افریقہ

Afrika

ایشیاء

Asia

آسٹریلیا

Australia

اٹلانٹک

Atlantiki

پیسیفک

Pasifiki

بحیرہ ہند

Bahari ya Hindi

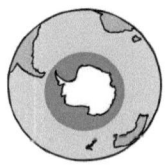

بھیرہ انٹارکٹک

Bahari ya Antaktiki

بھیرہ آرکٹیک

Bahari ya Aktiki

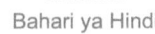

قطب شمالی

Ncha ya Kaskazini

قطب جنوبی

Ncha ya Kusini

انٹارکٹیکا

Antaktika

زمین

dunia

خشکی

nchi

سمندر

bahari

جزیرہ

kisiwa

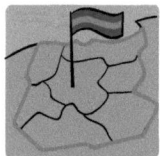

قوم

taifa

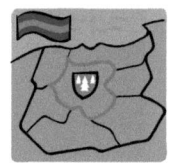

ریاست

jimbo

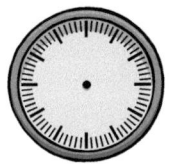

كلاك فيس

uso wa saa

نكی سوئی

akrabu ya saa

وٹی سوئی

akrabu ya dakika

سيكنڈ ہينڈ

akrabu ya sekunde

کی ٹائم ہویا اے؟

Ni saa ngapi?

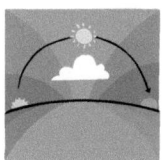

دن

siku

وقت

wakati

بون

sasa

ڈیجیٹل گھڑی

saa ya dijitali

منٹ

dakika

گھنٹہ

saa

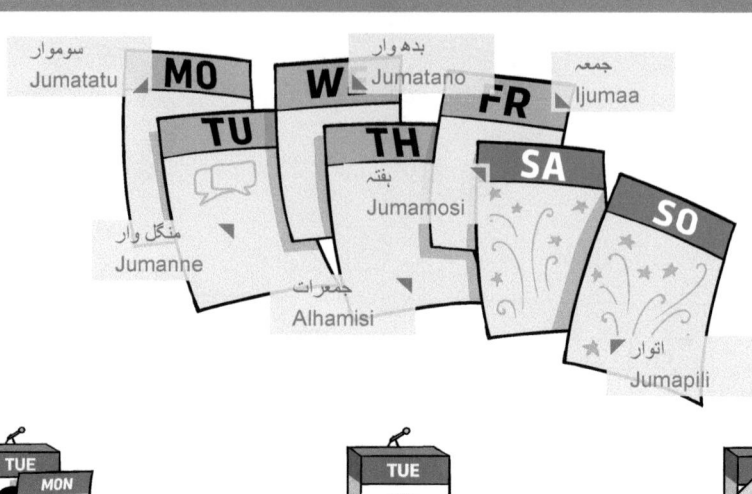

سوموار
Jumatatu — **MO**

بدھ وار
W Jumatano

جمعہ
FR — Ijumaa

TU

بفتہ
TH Jumamosi

SA

SO

منگل وار
Jumanne

جمعرات
Alhamisi

اتوار
SU Jumapili

کل
....
jana

اج
....
leo

کل
....
kesho

سویر
....
asubuhi

دوپہر
....
saa sita mchana

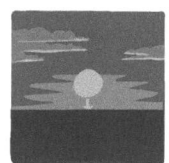

شام
....
jioni

MO	TU	WE	TH	FR	SA	SU
1	2	3	4	5	6	7
8	9	10	11	12	13	14
15	16	17	18	19	20	21
22	23	24	25	26	27	28
29	30	31	1	2	3	4

کاروباری دن
....
siku za biashara

MO	TU	WE	TH	FR	SA	SU
1	2	3	4	5	6	7
8	9	10	11	12	13	14
15	16	17	18	19	20	21
22	23	24	25	26	27	28
29	30	31	1	2	3	4

ویک اینڈ
....
mwishoni mwa wiki

بارش
mvua

رین بو
upinde wa mvua

ہوا
upepo

برف
theluji

بہار
majira ya machipuko

خزاں
vuli

گرمی
kiangazi

سردی
majira ya baridi

4.APRIL	11°	☀
5.APRIL	4°	⛅
6.APRIL	13°	⛈
7.APRIL	8°	❄
8.APRIL	10°	☀

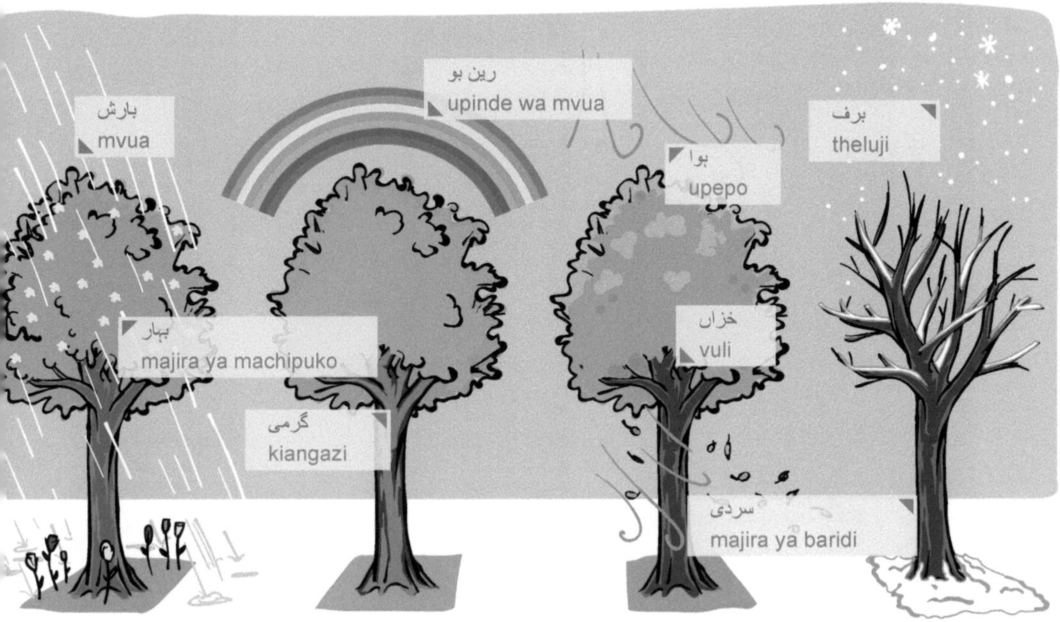

موسمی پیشگوئی
....
utabiri wa hali ya hewa

تھرمامیٹر
....
kipimajoto

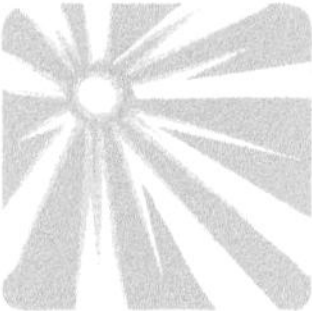

سورج نے چمک
....
mwanga wa jua

بدل
....
wingu

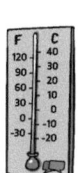

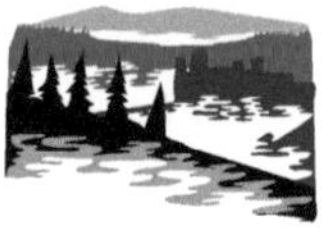

دھند
....
ukungu

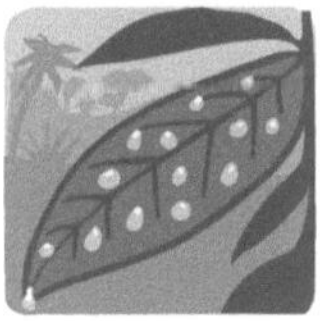

نمی
....
unyevu

بجلی کڑکنا

umeme

گرج

radi

نھیری

dhoruba

اولے

mvua ya mawe

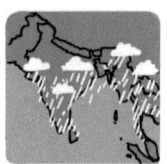

ساون

monsuni

سیلاب

mafuriko

برف

barafu

جنوری

Januari

فروری

Februari

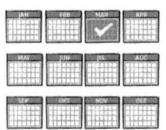

مارچ

Machi

اپریل

Aprili

مئی

Mei

جون

Juni

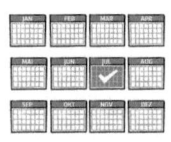

جولائی

Julai

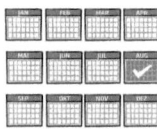

اگست

Agosti

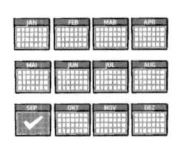

ستمبر
....
Septemba

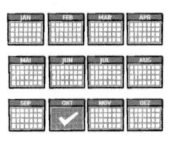

اكتوبر
....
Oktoba

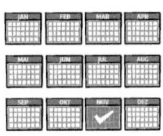

نومبر
....
Novemba

دسمبر
....
Desemba

شكلاں

maumbo

گول
....
mduara

چوكور
....
mraba

مستطيل
....
mstatili

مثلّث
....
pembetatu

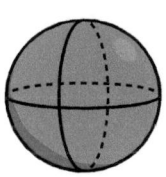

دائره نما
....
nyanja

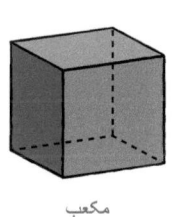

مكعب
....
mchemraba

چٹا

nyeupe

پیلا

manjano

نارنجی

chungwa

گلابی

rangi ya waridi

رتا

nyekundu

جامنی

hudhurungi

نیلا

bluu

برا

kijani

کتھنی

hanja

سرمئی

jivujivu

کالا

nyeusi

زیاده / گھٹ

mengi / kidogo

ناراض / پرسکون

hasira / pole

خوبصورت / بدصورت

nzuri / mbaya

ابتداء / اختتام

mwanzo / mwisho

وڈا / نکا

kubwa / ndogo

روشن / نهيرا

angavu / giza

بهرا / بہن

kaka / dada

صاف / گندا

safi / chafu

مکمل / نا مکمل

kamilika / tokamilika

دن / رات

siku / usiku

مرده / انده

wafu / hai

چورڑا / تنگ

pana / nyembamba

خوردنی / ناقابل خوردنی

kulika / kutolika

پھیڑا / چنگا

ovu / ema

خوش / ناخوش

sisimkwa / udhika

موٹا / پتلا

nene / nyembamba

پہلا / آخری

kwanza / mwisho

دوست / دشمن

rafiki / adui

بھریا / خالی

jaa / tupu

سخت / نرم

ngumu / laini

بھاری / ہلکا

nzito / nyepesi

بھوک / پیاس

njaa / kiu

بیمار / صحتمند

mgonjwa / mwenye afya

قانونی / غیر قانونی

haramu / kisheria

ذہین / بیوقوف

akili / kijinga

کھبا / سجا

kushoto / kulia

کولے / دور

karibu / mbali

نواں / پرانا

mpya / kutumika

کجھ نئیں / سب کجھ

kitu / jambo

بڈھا / جوان

zee / changa

کھولنا / بند کرنا

waka / zima

کھولنا / بند کرنا

wazi / fungwa

خاموشی / شور

utulivu / kelele

امیر / غریب

tajiri / masikini

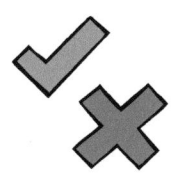

درست / غلط

sahihi / kosa

کھردرا / ہموار

mbaya / laini

افسردہ / خوش

huzunika / furahia

نکا / لما

fupi /ndefu

آہستہ / تیز

polepole / haraka

گیلا / خشک

nyevu / kavu

گرم / ٹھنڈا

joto / baridi

جنگ / امن

vita / amani

nambari

0

صفر

sufuri

1

اک

moja

2

دو

mbili

3

تن

tatu

4

چار

nne

5

پنج

tano

6

چھ

sita

7

ست

saba

8

اٹھ

nane

9

نو

tisa

10

دس

kumi

11

یاراں

kumi na moja

12
باران
kumi na mbili

13
تیران
kumi na tatu

14
چودا
kumi na nne

15
پندرہ
kumi na tano

16
سولہ
kumi na sita

17
ستاراں
kumi na saba

18
اٹھاراں
kumi na nane

19
انیہ
kumi na tisa

20
وی
ishirini

100
سو
mia

1.000
ہزار
elfu

1.000.000
ملین
milioni

انگریزی

Kiingereza

امریکی انگریزی

Kiingereza cha Marekani

چینی مینڈیرین

Kimandarini cha Uchina

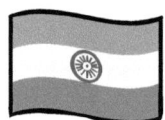

ہندی

Kihindi

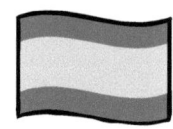

سپینش

Kihispania

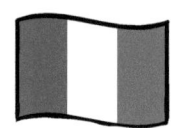

فرینچ

Kifaransa

عربی

Kiarabu

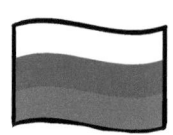

رشین

Kirusi

پرتگالی

Kireno

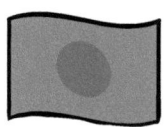

بنگالی

Kibengali

جرمن

Kijerumani

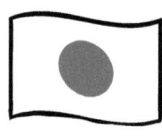

جاپانی

Kijapani

میں

mimi

توں

wewe

وہ/او/وہ/ایہہ

yeye / yeye / ni

اسیں

sisi

توں

wewe

او

wao

کون؟

nani?

کی؟

nini?

کیوں؟

jinsi gani?

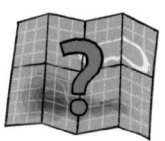

کتھے؟

wapi?

کدوں؟

lini?

نان

jina

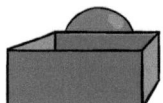

پچھے

nyuma

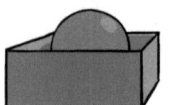

وچ

katika

نے سامنے

mbele ya

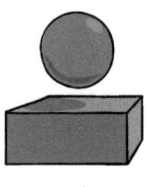

تے

juu ya

تے

kwenye

بیٹ

chini ya

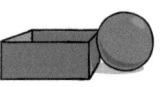

سوا

kando

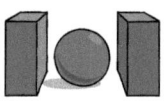

مابین

kati

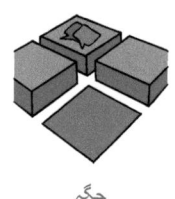

جگہ

mahali